GIANNINA WEDDE

Dorn der Liebe

Gedichte

echter

Inhalt

GIANNINA WEDDE

Dorn der Liebe

Kapitel II

Werden am Du

An die Brüder und Schwestern

Kapitel III

Nachtgebete

Aus dem Dunkel zum Licht

Kapitel IV

Erdverbunden

Gebettet in die Schöpfung

Kapitel V

Abschied

Von Trauer und Zuversicht

Eine Mystik des Alltags

VORWORT

Das oft zitierte Rahner-Wort, der Christ von morgen müsse ein Mystiker sein, oder er werde nicht mehr sein, ist für zahllose Menschen wahr geworden. In vielen Gläubigen ist eine unbändige Sehnsucht erwacht, die erfahrbare Gottesgegenwart im Glauben verwirklicht sehen will. Mehr noch: Viele Menschen sehen sich mit mystischer Erfahrung konfrontiert, mit dem unerwarteten Einbruch einer göttlichen Dimension in ihr Leben, und es fehlt ein gemeinschaftlicher Kontext, in dem diese Erfahrung wohlwollend aufgehoben und Gegenstand wertschöpfender Dialoge ist.

Die Versäumnisse der Kirchen, einen lebendigen Raum für mystische Erfahrung zu schaffen und Menschen einfühlsam auf ihrem persönlichen mystischen Weg zu begleiten, hat vielen freien spirituellen und östlichen Gemeinschaften in die Hände gespielt, die transzendierende Erfahrungen nicht fürchten. Es bleibt abzusehen, wie schnell und wie bereitwillig die Konfessionen sich auf den mystischen Kern des Christentums besinnen werden, doch ist jetzt schon sicher, dass eine solche Besinnung nötig und unabwendbar ist.

In seiner Enzyklika „Laudato si“ spricht Papst Franziskus im Hinblick auf eine ökologische Spiritualität von einer notwendigen Mystik und kennzeichnet sie als Erfahrung von Verbundenheit mit allem Existierenden. Mystik ist genau dies: eine wachsende erfahrbare Verbundenheit mit allem Lebendigen und der entgrenzenden Kraft, die alles Lebendige hervorbringt.

Die mystische Erfahrung sollte weder den Kirchen noch dem Einzelnen Angst machen, verweist sie doch auf ein Erleben, das uns ungleich achtsamer, liebevoller und weiser werden zu lassen imstande ist. Wer einmal ein mystisches Erlebnis hatte – und wir dürfen nicht vergessen, dass diese sehr unterschiedlich sind – begreift rasch, dass das Erlebnis als solches nicht der springende Punkt ist.

Die mystische Erfahrung ist weder ein rettender deus ex machina noch eine Schockwelle der Veränderung, die im Kleinen wie Großen soziale Strukturen umwälzt. Sie ist kein moralischer Wendepunkt, durch den wir als Saulus vom hohen Ross unserer Gewohnheiten fallen und als Paulus am Boden einer neuen Welt aufschlagen. Sie ist Einbruch einer Wirklichkeit, deren verändernde Kraft wir in unser Leben hineinlassen müssen, und das ist ein lebenslanger Prozess, dem wir uns immer wieder aufs Neue zu stellen haben.

Alles, was unser Menschsein ausmacht, darf sich von dieser erfahrenen Wirklichkeit berühren und durchdringen lassen: unser Wissen, unser Glaube, unsere Erkenntniskraft, unser Wille, unser schöpferisches Potenzial, unsere Gefühls- und Denkmuster. Das Bedeutende an mystischer Erfahrung ist also nicht der Moment, in dem sie geschah, oder die Schönheit dieses Moments oder die Erschütterung, so groß sie auch sein mag.

Der springende Punkt an mystischer Erfahrung ist die Frage, ob sie zu mystischem Bewusstsein werden kann. Ob sie zu mystischer Präsenz werden kann. Ob sie durchdringen kann, was wir als gestaltende Menschen jeden Tag auf dieser Welt sind und tun. Auf dem mystischen Weg haben wir also viel zu tun. Während das eine uns geschenkt wird, sind wir in vollem Umfang verantwortlich für das andere: für die Schulung unserer Aufmerksamkeit, unseres Charakters, unseres Willens und für unsere Ausrichtung. Für unser Mitgefühl, unsere Begegnungsfähigkeit und unsere Bereitschaft zur Umkehr.

Mystik stellt nicht nur die Frage, ob ich als Person entgrenzende Erfahrungen des Göttlichen mache. Sie stellt auch die Frage, ob ich als Mensch ein lebendiger Ort bin, an dem das Entgrenzende, das Göttliche, erfahrbar wird.

Am Ende ist der mystische Weg ein Weg der Begegnung, des Werdens am Anderen, des Werdens am Du.

In diesem Buch möchte ich mittels poetischer Momentaufnahmen ausdrücken, wie mystisches Erleben unserer Verbundenheit mehr und mehr den Raum überlässt, und zwar an allen Orten und in allen Ereignissen, die für uns von größter Bedeutung sind: im Gebet, in der Begegnung mit unserem Nächsten, in der Natur, in der dunklen Nacht der Seele und angesichts unserer Endlichkeit. Dieses wachsende Erleben gehört zum mystischen Weg: Alles Leben, sei es schmerzlich oder glücklich, eröffnet uns in jedem Moment eine Erfahrung der Allgegenwart Gottes.

Kapitel I

Zwiegespräch

Der glaubende Mensch

EINLEITUNG

Inneres Beten im Alltag – eine Betrachtung

Wir ringen um die rechten Worte wie um Atemluft. Wenn wir uns erklären müssen, wenn wir im Anderen Verstehen suchen, ja, noch wenn wir unser Beten an Gott richten. Vielleicht verdankt sich dieses Ringen unserem Wissen, dass Wort und Wirklichkeit nur eine haarfeine Linie trennt. Dass das, was wir sagen, nicht selten die Form ist, in die wir unser Werden gießen. Auch wir fragen mit den Jüngern, „Herr, wie sollen wir beten?“ Wir wissen heute um so viele redliche Wege zu Gebet, Meditation und Innerlichkeit, dass uns fast das einfachste, das innige Wort an den Geliebten verloren geht. Dann suchen wir das rechte Sprechen, das tiefste Schweigen, die andächtigste Körperhaltung, die Stille der Gedanken und ozeanische Weite im Herzen. Und so wahr und gut diese Suche ist, sie darf doch nicht unseren Irrtum nähren, wir müssten uns zu einem Gott hinaufschwingen, der hoch über unseren Unzulänglichkeiten waltet und der uns nur begegnet, wenn wir die richtigen Dinge zusammenfügen. Mit Edith Stein dürfen wir begreifen, dass Gebet eine Jakobsleiter ist, auf der der Geist wohl hinauf-, Gottes Gnade aber zu uns herabsteigt. Er nimmt uns in Empfang, wie weise oder töricht unser Beten auch sei. Der Mystiker weiß, dass das Beten selbst bereits Gottes Gegenwart ist. So wie wir sind, können wir die Zwiesprache aufnehmen, die lebendig und blutvoll in alle Verzweigungen unseres Alltags dringen will. Inneres Beten ist ein Sich-Ergeben in diese Zwiesprache, die den Segen erfahrbarer Verbundenheit in alle Winkel unseres Seins trägt.

I.
Benevolentia

In dieser Nacht,
und da die Stille mich verführte,
will ich die bange Frage sacht,
an die mein Nächster schweigend rührte,
in Deine guten Hände legen.
Dort soll sie lodern, rot wie Mohn:
Bin ich,
bin ich denn Liebe schon?
In dieser Nacht,
und da die Dunkel mich bedrängen,
will ich, da mich die Glut entfacht,
die stets uns ruft mit Erdenklängen,
mich lauschend Dir zu Füßen legen.
Und Du gibst Antwort, rot wie Blut:
Ich bin,
ich bin, was Liebe tut.

II.
Unter Deiner Hand

Leg Deine Hand auf meine dunklen Ängste, Gott,
darunter mögen bunte Gärten blühen.
Im Wissen: Alle Dinge sind geliehen
und kehren einst zu Dir zurück.

Leg Deine Hand auf meine Kümmernisse, Gott,
darunter möge sich mein Herz ergeben.
So sehnsuchtsvoll ruft mich Dein Wort zum Leben.
Ein mir geschenktes, stilles Glück.

Leg Deine Hand auf meinen Zorn, Du milder Gott,
darunter mögen sanfte Worte streifen.
Ein gutes Herz möge in mir zur Liebe reifen,
die Lichter webt in menschliches Geschick.

III.
Abyssus

Am sinkenden Schiff meines Glaubens
sei Du das Meer.
Stell mich der Flut anheim, trag mich hinfort.
Gib mich nie wieder her.

Dass in den Wellen, die mich ungestüm versenken,
ich mich verlier.
Komm, alle Segel zu durchtränken.
Birg mich in Dir.

Reiß die Gewissheit in den Meeresgrund!
Sie macht so satt.
Doch hungrig bin ich, und ich suche Deinen Mund,
der meinen Namen ausgesprochen hat.

IV.
Weite

Gestern war die Welt noch grau,
da liebte ich nicht
und blicklos waren meine Augen
unter tränennassen Lidern,

doch heute grüßt mich fröhlich,
was ich schau,
und jeder Herzschlag will
den Gruß der Welt erwidern.

Endlich wird das Herz mir weit!
Oh Liebe, machst Du mich gesund?
Wie warm küsst mir der Morgenhimmel
den Dank von meinem stillen Mund.

V.
Vorsehung

Bin ich nicht selbst ein Meer?
Gegossen unter Deines Himmels Würde?
So oft liegt dieser Himmel leicht auf mir,
so oft als unerbittlich schwere Bürde.

Ich gehorche den Gestirnen in der Flut,
in der Ebbe muss ich stets versiegen,
und doch bin ich das Meer, das all dies tut!
Wie könnte mehr Gewalt in meinen Händen liegen?

Ich bin so frei, wie jeder Tropfen Freiheit trägt,
doch jeder Tropfen bleibt ans Meer gebunden.
Noch da ich fliehe, bleibe ich von Dir bewegt,
noch im Verlorensein bin ich von Dir gefunden.

VI.
Inschrift

Den Kirchweg hinauf, dort bei den Bäumen,
wo Gebete und Laub die Wege säumen,
wo Gott und Mensch von Begegnung träumen,
dort war ich heut,
und Deine Engel gaben mir Geleit.
Und mir war, als schriebe leise
ein Wort sich ein in meine Lebensreise.

Den Strudel hinab, dort bei den Seelen,
denen Freunde und wissende Hände fehlen,
wo müde Schultern vom Scheitern erzählen,
dort war ich heut,
und mein Herz schien mir entzweit.
Und mir war, als leuchte leise
ein Wort mir auf
auf meiner Lebensreise:
Du.

VII.
Seidenzart

An einem seidnen Faden hängt das Zarte,
das Du mir schenkst mit liebevoller Hand,
und sacht webt sich um unser beider Herzen
ein fadendünnes, seidenzartes Band.

An einem seidnen Faden hängt das Streben,
das sich erschöpft im Drängen hin zum Licht.
Zu Fall gebracht erlischt unser Verlangen,
und Dein Verlangen hebt uns auf und endet nicht.

An einem seidnen Faden hängt das Leben,
und klingenscharf ist alles Sterben, das ihm droht.
Wir atmen Nacht mit tränennassen Augen,
doch jeden Morgen bricht das Leben uns das Brot.

VIII.
In neue Form

Ich lege, was ich war, in Deine Hände,
wie welkes Laub treibt es im stillen Lebensfluss.
Kapitel voller Fragen gehn zu Ende,
ich lasse los, was nun in Deinem Lichte enden muss.

Neue Fragen stehen auf in meinen Sinnen,
neues Leben, das in meinen Adern drängt und treibt.
Ich nehme Form an, nur um wieder zu zerrinnen,
getaucht in Deine Flut, die meine Ufer tränkt und
dann zerreibt.

Ich bin ein Werden, das sich mal erinnert, mal vergisst.
Ein Menschenkind, das sich sein Menschsein noch erringt.
Ich weiß nicht, wo die Tröstung Deiner Liebe ist,
doch weiß ich, wie die Gnadengabe Hoffnung klingt.

IX.

Du machst mich weich

Du machst mich weich,
so weich,
in einer Welt der Härte.
Sieh, meine Haut aus Stein bricht auf,
und samten fällt Dein Licht darauf.
Nun will ein Schweigen aus den Rissen dringen,
um Segen auf die Risse dieser Welt zu singen.

Du machst mich still,
so still,
in einer Welt des Tosens.
Sieh, meine Stille gleicht der Nacht,
die blaue Flammen unter Sternengold entfacht.
Nun will ein Blau vom Firmament mir sinken,
und alle Durstigen, sie mögen davon trinken.

X.
Mein Fallen und Gehaltensein

Auf meinem Weg und unter alt gewordnen Bäumen
will ich der Liebe stiller, weit gereister Bote sein.
Ist mir das Haupt auch schwer von unerfüllten Träumen,
der Morgen ist getränkt mit Hoffnung, süß wie Wein.

An roten Himmeln, über bitterkalten Nächten,
durch deren Schwarz das Licht des Herzens tapfer
finden muss,
glänzt die Frühe und erhebt sich mir zur Rechten,
zu meiner Linken drängt das Sterbende zum Abschiedskuss.

Ach, da die Dunkel fallen, sinken, sich verlieren,
wie soll ich halten, was ich glaubte, was mir heilig war?
An dem, was todgeweiht ist, werde ich erfrieren,
und nur der Weise, der die Augen schließt, sieht endlich klar.

Auf meinem Weg und da ich ließ, was ich gefunden,
will ich der Liebe stilles, weit gereistes Amen sein.
An dem, was Du mir nimmst, nur kann mein Herz
gesunden,
Du mein Weg, mein Abgrund, mein Fallen
und Gehaltensein.

XI.
In die Tiefe

Wenn Du in mir erwachst,
um mir den Schlaf von meiner Stirn zu pflücken,
wenn Deine Gleichnisse mich treffen
und sanft das Denken mir verrücken,
wenn Du mich löst,
doch ohne je mich zu beschämen,
von Dingen, die, sobald sie mir gehörten,
mir Weite und auch Freiheit nähmen,
wenn Du mich rufst
in meinen Namen fließend voller Zärtlichkeit,
als seist bedürftig Du und klein
und nicht der Atem aller Ewigkeit,
wenn Du mich so in Deine Tiefe ziehst,
mich einhüllst in ein Totenkleid aus Nacht
und endlich sterben dürfte, was ich mir ersonnen,
was ich gewollt, geglaubt, gedacht,
so wäre ein Gebet nur, das mir bliebe,
und still geworden gäbe ich ihm Raum,
ein Ja zu Deiner uferlosen Liebe,
die mich erweckt aus tränennassem Traum.

XII.
Du bist ja hier

Auf dem heil'gen Grund, den wir betreten,
sind Glanz und Schönheit in die Welt gegossen,
wie Muttermilch uns nährend zugeflossen,
noch während unsre Herzen hungrig beten.

Der Mensch, er faltet sehnsuchtsvoll die Hände
und wähnt Dich fern, hoch über allen Dingen,
versäumt, den Halm am Boden zu besingen,
an dem das Wollen sein Versiegen fände.

Du bist ja hier! Und wir, wir gleichen Bäumen.
Wir wiegen uns im Wind, in Deinen Armen,
wir blühen und vergehn in Dein Erbarmen
und lassen uns von Dir ins Leben träumen.

XIII.
Heilung

Unter wilden Himmeln ließ ich mich bezähmen –
Dein Klang streicht alle meine Wogen glatt.
Ich lasse los, was Du Dir wünschst zu nehmen,
und werde ganz in Dir, der mich zerbrochen hat.

XIV.

Das Leuchten

Allen Dingen wohnt ein Leuchten inne,
das nur der Liebende zu sehen je vermocht'.
Dass unter unsren Blicken Schönheit selbst zerrinne,
dass sie als Purpurrot in unsren Adern pocht
und sie als Grünen sich in unsrer Stirn verzweige,
dass sie als Rascheln durch das Laub des Zweifels fährt,
dass sie als Seufzen sich der Ohnmacht in uns neige
und uns als lieblich-gute Flamme sanft verzehrt,
das ahne ich, wenn unter meeresblauen Weiten
mein Herz sich löst von allem, was die Grenze hält,
und eine Freude will, Geliebter, Dir den Weg bereiten,
in dessen Leuchten all mein Sein und Werden fällt.

XV.

Archetypus

Ich bin ein Narr,
ich bin eine Närrin,
ich glaube zu wissen,
wohin Du mich ziehst.
Du bist labyrinthisch,
und ich ziehe Kreise
als Närrin, die blind Deine Spuren liest.

Ich bin ein Narr,
ich bin eine Närrin,
ich glaube mich sicher
auf fruchtbarem Land,
doch Du schickst die Plage,
und dürr wird der Boden
und Du legst die Dürre in meinen Verstand.

Ich bin ein Narr,
ich bin eine Närrin,
ich sitze und warte
im blicklosen Sturm,
und Du lachst als Rabe
auf mauernen Zinnen
mir zu in das Dunkel im Narrenturm.

Ich bin ein Narr,
ich bin eine Närrin,
Du brichst mich mit Händen
aus Unstetigkeit,
und ich bin so Viele,
ich Närrin, so Viele,
die sterben im Atem der Ewigkeit.

XVI.
Liebe sein

Mein Gott, ich wünschte mir, ich könnte Liebe sein,
mich überlassen diesem Strömen, das nie endet.
Ich gliche dann dem milden goldnen Sternenschein,
der seine Zärtlichkeit bedingungslos verschwendet.

Mein Gott, ich wünschte mir, ich könnte Liebe sein,
und würde sanft an jedes Lebewesen denken.
Ich ließe ab vom Kämpfen, davon, hart zu sein,
und würde allem, was mich sticht, Vergebung schenken.

Mein Gott, ich wünschte mir, ich könnte Liebe sein,
ich könnte sein, was ich längst bin, am Seelengrunde.
Im Mysterium der Liebe bin ich endlich Dein,
der Erde zugewandt mit ihrer Herzenswunde.

Kapitel II

Werden am Du

An die Brüder und Schwestern

EINLEITUNG
Das Sanctum der Begegnung – eine Betrachtung

Miteinander ist ein Raum der Andacht, ein Quell der Inspiration und Geleit zum Wesensgrund. Ein Ort der Erkenntnis, eine bewegende Kraft der Bewegtheit, ein offenes Haus der Heilung.

Agape. Wir geben einander zu essen. Getragen vom Himmel, verwurzelt in der Erde.

Unendlich großzügig ist alles, was wir je brauchen könnten, vom Schöpfergeist in uns hineingegossen, als wären wir menschliche Universen, die alles enthalten. Doch sind es die Augen des Anderen, die daran rühren, sein Wort, seine Stimme, seine Hände, seine Unterlassung noch. Wie groß wäre unsere Achtung vor dem Anderen, wie tief unsere Liebe zu ihm, wüssten wir, dass er das schlafende Universum in uns erweckt, dass er das „Amen" ist, das unser Gebet mit Atem durchströmt.

Oft erinnert uns erst unsere Bedürftigkeit daran, dass unsere Natur Zwiesprache ist.

Dann erst sind wir Mensch, wenn wir begreifen, wie heilig dieser Andere ist, dieser Fremde, dieser Geliebte, dieser gesegnete Ort, an dem Gott erscheint auf eine einzigartige Weise. Dann erst ist unser Leben das Wunder des Werdens am Du, wenn wir aus der Einsamkeit und zwischenmenschlichen Dunkelheit aufsteigen und diesen Lebensfaden der Verbundenheit aufnehmen, immerzu für das Geschick des Anderen berührbar bleibend, der uns im Sanctum der Begegnung dazu verhilft und dem wir dazu verhelfen, zur Liebe heranzureifen.

I.

Das langsame Wirken Gottes

Wenn alles fragend nur sich in Dir regt
und alles Unruh ist und alles sich vom Wissen fortbewegt,
in alles Ungewisse sinke dann, vertrauensvoll und still,
und werde selbst, was tief in Dir zur Antwort reifen will.

II.

Eine neue Welt

Hier stehn wir, unsre Reihen sind geschlossen,
wir gehen nicht, bis diese Welt erneuert ist.
In unsre Herzen ist das Morgenlicht geflossen,
es fragt Dich, ob auch Du ein Mensch des Aufbruchs bist.

Ach dass die Liebe auch Dein Herz im Wandel fände,
ach dass Du wagtest diesen ungewissen Schritt!
Leg Deine Hand in unsre Regenbogenhände,
versöhnt soll sein, was unter tiefer Trennung litt.

Wir gleichen Dir zutiefst, auch wir sind voller Fragen,
uns sticht derselbe Schmerz, der Dich verzehrt,
doch möchten wir in jene Wunden Heilung tragen,
da tief in uns ein Licht das Licht im Andern ehrt.

Lass uns vereint sein, lass uns Gäste sein auf Erden,
und unsre Taten seien achtsam und beredt.
Wir legen alles, was wir sind, in dieses Werden,
und bis zum letzten Atemzug sind wir Gebet.

III.
Versöhnung

Du bist wie Du, ich bin wie ich,
wer wollte dies verändern,
und doch durchwirkt die Liebe uns
mit unsichtbaren Bändern,

so dass Dein Lachen meines wird
und meine Freude Deine,
und ich vergesse, wem gehört
der Schmerz, den ich beweine.

Dort, wo die Grenze ist, da strahlt
mit Zuversicht und Wissen
das Leben, das die Tore malt,
die wir durchschreiten müssen.

Ich bin wie ich, Du bist wie Du,
und alles, was wir teilen,
hat Kraft, die Wunde, die uns trennt,
zu trösten und zu heilen.

IV.
In die Fremde

Gib doch dem Wasser, Mensch,
die Scherben Deiner Träume,
und schreite lassend in die Fremde neuer Räume,
dorthin, wo keinerlei Gewissheit ist.

Das, was Dich schmerzt,
wird bald zum Freund Dir und zum Lehrer,
und tief empfundnes Glück war stets ein Wiederkehrer,
weil Du schon immer seine Wohnstatt bist.

V.

Bejahung

Ich meide nicht den Blick der Menschen,
die wütend und verloren sind,
ich möchte auch den Sturm umarmen,
der kommt und mir den Frieden nimmt.

Die Fragen, die mich tief verwunden,
möcht ich mir stellen, ohne Flucht,
und auch die Antwort nicht verschleiern,
wenn sie mich jagt, wenn sie mich sucht.

Ich meide nicht die Tränentäler,
die in mir liegen ohne Trost,
und auch den Donner nicht, den Zorn,
der in mir wütet, in mir tost.

Das Schwert, ich trag es, das mich schneidet,
und meine Wunden sind im Licht,
die Welt vergießt den falschen Frieden.
Ich kehre um und will ihn nicht.

Zu Ihm will immer meine Seele!
Er ist ja da und sieht mich an.
Und dann erst weiß ich mich Ihm nahe,
wenn ich nichts mehr verbergen kann.

Und nichts mehr eitel zu verneinen,
nicht mehr zu sein, was ich nicht bin,
das Schmerzliche ganz zu umarmen,
das schenkt mich Seinem Willen hin.

VI.
Heimat

Den Vögeln sollst Du gleichen,
Mensch,
in Deinem Streben.
Auch wenn der Sturm Dich bricht,
Du bleibst
dem Himmel hingegeben.

VII.
Ich bin so klein

Ich bin so klein,
und klein ist, was ich denke, was ich tu.
Ich bin ein Sandkorn an den Ufern,
dem Ozean rufe ich lautlos zu.

Umringt
von meinen Brüdern, meinen Schwestern,
die längst dem Ozean versprochen sind.
Manch einer scheint verloren an das Gestern,
verwischt vom unbarmherzig rauen Wind.

Ich bin so klein,
doch manchmal bin ich in den Wogen,
und manchmal singt der Wind mit meinem Mund.
Ich blicke auf mich selbst als Regenbogen,
dann öffnet sich mein Herz und wird gesund.

Ich bin so klein.
So klein ist, was ich denke, was ich tu.
Manchmal vergesse ich die Grenze,
und alles, was noch ist und bleibt, bist Du.

VIII.
Liebe

Liebe ist ein inneres Wissen,
redsam der Erde zugewandt,
als kühlender Wind in ihren Rissen,
als weisender Stern auf weglosem Land.

Liebe ist ein inneres Bleiben,
fällt auch einst alles dem Schwinden anheim,
dort wo sich Erscheinungen stetig zerreiben,
wohnt sie als ewig grünender Keim.

Liebe ist ein inneres Strömen,
es weitet die Ufer mit wissender Hand,
alles Getrennte ganz zu versöhnen,
da es sich selbst im Andern erkannt.

Liebe ist ein inneres Klingen,
Gestalt des Logos, der sich allem verspricht.
Lässt Du Dich bis zum Grund durchdringen,
blickst Du dem Einen ins Gesicht.

IX.
Wachstum

In schweren Zeiten zehre ich vom Wissen,
dass alles, was beredt sein will, wird schweigen müssen.

Es geht durch Dunkel, ungewisses Streben,
betört vom Licht, von Fülle, Duft und Leben.
Oh Mensch, auch Du gehst durch die Dunkelheit,
mit schwerem Herzen lässt Du, was Dich einst erfreut,
mit Ungewissheit füllst Du Deine Seele an,
aus der ein neues Werden reifen kann.

In schweren Zeiten zehre ich vom Wissen,
dass alles, was noch wachsen will, wird sterben müssen.

X.
Barmherzigkeit

Brich nicht das Herz Dir an der Bitterkeit der Welt,
vergifte nicht mit Härte Deinen Seelengrund.
Wenn auch ein Schweigen tief in Deine Hoffnung fällt,
ein Wort des Dankes liege stets in Deinem Mund.

Die Finsternisse mehren sich, gleich dunklen Sternen,
und Deine Seele legt sie an wie ein Gewand,
doch nichts kann Dich von Deinem Quell entfernen,
der Dich ernährt mit liebevoller Hand.

Brich nicht das Herz Dir an der Welten dunkler Nacht,
brich Dir das Herz am Leiden jeder Kreatur.
Gesegnet bist Du, Mensch, der dann erwacht:
Barmherzigkeit Dein Tun, Deine Natur.

XI.
Es sind nur Worte, die wir finden müssen

Es ist so reich und bunt, das Blühn, um das wir wissen.
Es sind nur Worte, die wir finden müssen.
Ein Ja wohnt in uns, trägt es auch ein äschernes Gesicht,
als Phönix steigt es auf und atmet Zuversicht.

Ein Wir wohnt in uns, das die Freiheit finden muss,
und neu wird alle Menschlichkeit im Bruderkuss.
Ein maskenloses Staunen sieht: Der Fremde ist ein Freund.
Zu Staub zerfällt der Irrtum, der dies Band verneint.

Wie lieblich dies Verstehen ist: Die Nacht darf enden.
Und kummerlose Hände liegen warm in andren Händen.
Es ist so weit und tief, das Meer, um das wir wissen.
Es sind nur Worte, die wir finden müssen.

XII.

Wenn Du fällst

Viele Wege führen durch die Nacht und Dunkelheit,
und viele Spuren leiten uns durch neues Land.
Wie glücklich ist der Mensch, der auch im Leid
Geborgenheit erfährt in Deiner Hand.

Dem Andren Licht zu sein und Lichter ihm zu senden,
das ist, was jedes Menschen Herz vermag.
Erweicht vom Wunsch, das Leiden zu beenden,
und satt von Nächten rufen wir den Tag.

Viele Wege führen durch die Nacht und durch das All,
doch dieser eine nur ist edel, rein und tief:
Die Liebe selbst ist es, sie bringt Dich stets zu Fall.
Du fällst ihr zu und wirst der, den sie rief.

XIII.
Werden am Du

Wir haben nicht viel mehr als unser Sehnen,
und darin sind wir leise und allein,
doch manchmal lässt das Wunder der Begegnung
die Fülle des Herbeigesehnten ein.

Am Du, so weiß mein Herz, ist alles Werden,
am Du gerinnt das Innerste zur Tat.
Oh glücklich ist die Seele, die auf Erden
von diesem Wissen selbst gekostet hat.

XIV.

Zweisamkeit

Mit Dir sein.
Mit Dir lachen und verzagen.
Mit Dir neue Schritte wagen
auf nacktes Land.

Mit Dir sein.
Mit Dir neue Meere träumen.
Mit Dir grünen unter Bäumen
zum Weltenrand.

Mit Dir sein.
Mit Dir brennen, mit Dir segnen,
mit Dir Asche sein und regnen
aus Gottes Hand.

XV.

Du selbst

Wenn Du Dir Freundschaft wünschst,
so sei ein Freund,
wenn Du die Hoffnung suchst,
so sei ein Licht, das zuversichtlich scheint.
Wenn Du die Tat vermisst,
dann geh beherzt ins Tun,
und wenn nirgends tiefe Stille ist,
sei Du selbst die Stille nun.

Wenn Dir die Liebe fehlt,
sei Du selbst der Liebe Klang,
und ist ein Ort noch unbeseelt,
dann fülle ihn mit Lobgesang.
Du selbst trägst Licht
und alles, was Du liebst,
doch es erreicht den Andern nicht,
wenn Du es nicht umfängst und weitergibst.

XVI.
Gestern

Gestern dachte ich, die Welt sei überfroren
und aus dem Eis, da seufzten mir die Herzen zu.
Doch heute atme ich, und Hoffnung wird geboren
dort, wo ein Werden ist am Du.

Gestern dachte ich, die Welt sei ganz zerrissen
und aus den Wunden leuchtete so rot das Blut.
Doch heute sehe ich, auf tränennassen Kissen
wird alles Traurige am Du bald gut.

Gestern dachte ich, die Welt sei schon zerronnen,
gleich einem Wasser, das versprengt vom Ufer flieht.
Doch heute sehe ich, die Seele ist gewonnen,
die dort am Du die Kraft des einen Meeres sieht.

Gestern dachte ich, die Welt sei schon vergangen,
gleich einem Märchen, das mit düstrer Zeile schließt.
Doch hier am Du entbrennt unser Verlangen,
durch das der Feuerstrom der Gottesliebe weltwärts fließt.

Kapitel III

Nachtgebete

Aus dem Dunkel zum Licht

EINLEITUNG
Die dunkle Nacht der Seele – eine Betrachtung

Unter nachtschwarzen Himmeln kommt alle Geschäftigkeit des Tages zur Ruhe. Alles Tun zerrinnt und gibt den Blick zum Wesentlichen frei. Wir befragen den schwindenden Tag mitsamt seiner Fülle und seinen schmerzlichen Lücken, befragen uns nach dem Maß unserer Liebe. Viele Nachtgebete tragen unseren Dank zum Einen, viele unsere Klagen über das, was misslang. Oft tragen unsere Nachtgebete das leise Sehnen, das wir der Nichtverfügbarkeit verdanken – Nichtverfügbarkeit des Lichts, der Zerstreuung, des Miteinanders. Tief trifft uns die Nichtverfügbarkeit Gottes in dem, was wir dunkle Nacht der Seele nennen. Zurückgeworfen auf uns selbst und die Brüchigkeit unserer Erwartungen, müssen wir lernen, uns dem Nichtwissen anzuvertrauen, müssen wir lernen, den unbekannten Gott zu begrüßen. Wir lernen, dass zum Verkosten der heiligen Dinge eine große Geduld vonnöten ist, eine Sehnsucht, die an Stille und Dunkel gereift ist, und ein tiefes Verstehen für das langsame Wirken Gottes. Wir öffnen die Tür für den, der größer ist als unsere Vorstellung von Erfüllung. Die warmen Gewänder von Trost und Wohlgefühl legen wir ab. Dort wo unsere Erwartungen und Wünsche demaskiert werden und wo unser Wissen zu Torheit wird, erwacht etwas in uns wie eine Erinnerung, wie ein Morgen über zerklüftetem Land. Anstatt aufzusteigen, wie wir es erhofften, fallen wir. Wir fallen himmelwärts, hinab in die Hand dessen, der uns umformt nach seinem Willen.

I.
Nachtgebet

Es enden leise manche Wege,
und andre gehn im Lärm der Zeit verloren,
doch meine Seele, die ich still in Deine Hände lege,
wird jeden Tag durch Deine Gnade neu geboren.
So soll auch diese Nacht mich nicht erschrecken,
an der der Morgen sich schon bald entzündet,
und Deine Güte möge meine Weichheit wecken,
die mich mit allem, was Du bist, verbindet.

II.
De profundis

Ich habe, wie so oft, am Saum der Nacht
ein tönernes Gefäß Dir dargebracht.
Darin ist Dunkelheit und Tiefe ohne Grund,
darin sind Worte, hart wie Felsen, rau und wund,
Erinnerungen, die dem Sterben gleichen,
und Lichter, die mich längst nicht mehr erreichen.
Wie viel Finsternis trennt uns, trennt Dich und mich?
Denn dieses tönerne Gefäß, mein Gott, bin ich.
Ich will in Deiner guten Hand zerbrechen,
und Deine Gnade möge Leben in mich sprechen,
und neue Hoffnung, neue Ufer, neues Licht!
Gib doch dem Morgen Deine Anmut, Dein Gesicht!
Aus tiefster Tiefe hör mein Rufen, das vergeht,
und nimm es an, dies schwere, dunkle Nachtgebet.

III.
Dankgebet

Die Wirklichkeit? Ach, endliche Gestalten.
Denn alles fällt und fällt und fällt.
Doch immerzu bin ich von Dir gehalten.
Und Deine Liebe wohnt als Klang in meiner Welt.
Wolle doch das letzte Wort im Schlummer
ein tief empfundnes, reines Danke sein.
Mein Gott, ich bin ganz Freude und ganz Kummer,
und träumend lädt die Nacht in mir den Morgen ein.

IV.
Erwachen

Ach, dass ich lieben könnte all das Funkeln,
das weiche Licht, das mich beständig grüßt.
Und auch die Seufzer, wenn Gedanken sich verdunkeln,
ja selbst die Tränen noch um das, was sterblich ist.
So freudig riefe ich: Dies ist Erwachen!
So trunken wäre ich von Lebenslust.
Noch aus der Traurigkeit erklänge dann mein Lachen,
und grüne Gärten wüchsen still aus meiner Brust.

V.
Wandel

Alles Streben wird einmal zum Wissen,
dass viele Tore wir mit Mut durchschreiten müssen,
um weiter, lichter, frei zu sein.

Ein jedes Glück, ein jeder Schmerz muss enden,
gegeben und genommen stets von Deinen Händen,
und jede Seele kehrt in Deine Stille ein.

Aus dem, oh Mensch, was wir beweinen müssen,
grüßt uns das Leben selbst mit morgenroten Küssen,
und lockt uns, Zuversicht zu sein.

VI.
Dorn der Liebe

Oh schwarze Nacht!
In Deine Flut
darf nun mein Herz sich senken.
So müde perlt von meiner Stirn
ein ruheloses Denken.

Aus meiner Brust
steigt kraftvoll auf
mit tintenschwarzen Schwingen
ein Vogel, der sich Seele nennt.
Er will dem Einen singen.

An jenem Ort,
der Ihm gehört,
ist jeder Klang in Blüte,
und jede Unvollkommenheit
zerrinnt in seiner Güte.

Hier schenkt er sich
dem Liebsten hin,
dass einer gleicht dem andern,
und wenn sein Lied verklungen ist,
dann muss er weiter wandern.

Der Morgen naht,
und wie im Traum
hör ich ein Flügelschlagen.
Mir ist, als müsse meine Brust
den Dorn der Liebe tragen.

VII.
Nicht länger

Unter Deinem Mond ließ ich die Hände sinken,
in der Abendröte wurden meine Sorgen leicht,
und mir war, als würde meine Seele trinken
aus dem Kelch, den Deine Gnade mir gereicht.

Meine Augen wurden satt von Farben,
und mein Herz durchdrangen, wie nicht von dieser Welt,
so fremde Klänge, die mich sanft umwarben
und deren Raum den Raum der Erde hält.

Dies ist Verweilen. Und nicht länger bin ich eine.
Das Grünen noch im rauschenden Geäst
ist mein. Mein Lachen, während ich den Tod beweine,
der nimmermehr von meinen alten Spuren lässt.

VIII.
Ringen

In der Stille dunkler Nächte
ringe ich um dies Gebet:
dass der Mensch das Neue dächte,
da die Welt in Flammen steht.
Dass er wünschte, seine Hände
seien Schalen, angefüllt
mit dem Licht, das niemals endet
und des Bruders Hunger stillt.
Dass er wünschte, seine Träume
seien sanft von Dir gelenkt
und inmitten neuer Räume
sei er selbst Dir hingeschenkt.
Um dies Beten muss ich streiten,
denn der Mensch, der dies begreift,
ist der Mensch, der in den Weiten
meines wunden Herzens reift.

IX.
Verglüht

Auf der Asche meiner Träume
hab ich ein Schloss erbaut.
Aus dem Echo meines Lachens
und aus den Narben meiner Haut.
Darin will ich wohnen, nur für diese Nacht,
unter Deinem Atem, der mich hergebracht.

Auf der Asche meiner Träume
hab ich mich leer geweint.
Wie doch jede Traurigkeit im Innern
das Vergängliche stets meint!
Wie kann mein übervolles Herz Dir eine Wohnstatt sein?
Hier wohnt die Furcht, und mit ihr bin ich stets allein.

Auf der Asche meiner Träume,
dort wo das Scheitern mich befällt,
hab ich ein Schloss gebaut aus Stille
und reist der Morgen in die Welt,
dann zeige Dich und reiß es nieder
und spiel auf seinen Trümmern süße Lieder.

X.
Da nun die Nacht den Himmel schwärzt

Da nun die Nacht den Himmel schwärzt,
da nun die Menschen schweigen,
zieht es mein Sehnen himmelwärts,
sich betend zu verzweigen.

Aus bleichem Mondschein grüßen Klänge,
die leise mich umsäumen,
da dringt aus meines Tages Enge
ein nachtdurchwobnes Träumen.

Gleich einem Blatt, das nicht zur Erde,
doch sanft zum Himmel fällt,
ist diese Stille, die ich werde
und die mein Blühen hält.

Da nun die Nacht den Himmel schwärzt,
darf alles Hadern sinken.
Ich reise träumend durch Dein Herz,
von Dir, mein Quell, zu trinken.

XI.

Taufe

Du bist der Tod in meinen Träumen.
Ich schmecke dunkle Nacht in meinem Mund.
An Deiner fahlen Hand, in blauen Räumen,
werd ich im Schwinden erst gesund.
Und was ich hielt, kann mich nicht länger halten,
gebrochen sind Gesetze, die einst galten.
Bist Du mit mir?
Du bist der Tod in meinem Sprechen.
Mein Wort verwelkt am Saum der Zeit.
Mein Denken stürzt auf marmorglatten Flächen,
Du See aus Stein, Du Sog der Ewigkeit.
Und was ich wusste, geht mir ganz verloren,
dort wo ich sterbe, wirst Du neu geboren.
Nun bist Du hier.

XII.
Gebet der Seele in dunkler Nacht

Du Gott des Schweigens, schwarz ist Deine Stille,
und Schwärze ist es, die mein Herz durchdringt.
Ich bete stimmlos: Nun gescheh Dein Wille,
und Du bist tiefe Nacht, die mich bezwingt.

Wie schwarze Erde bist Du, die den Schnee erstickt.
Wie wildes Feuer, das sich nimmt, was ihm gehört.
Du bist ein Sturm, der grüne Gräser knickt,
ein Ozean, der von den wunden Ufern zehrt.

Da Du verschleiert bist, wie soll Dein Angesicht ich preisen?
Da Du verschwiegen bist, wie soll ich hören, was Du
sprichst?
Mir bleibt nicht mehr, als dieses Dunkel zu bereisen,
mit leisem Klirren Dich zu loben, wenn Du mich zerbrichst.

Und auf die Wunden, die Du reißt, legt sich Dein Klang.
All meine Nacktheit hüllst Du in ein Sternenkleid.
Gebettet ist das Herz, das mir zersprang,
in Deiner Hand, in Deinem Schoß, in Deiner Ewigkeit.

XIII.
Brich das Eis

Brich das Eis meiner Tränen, Gott,
brich das Eis alter Klagen,
brich die gefalteten Hände entzwei,
die nicht zu empfangen wagen.

Brich das Eis meines Wollens, Gott,
brich das Eis meines Strebens,
lösch die Glut meiner rastlosen Wünsche,
Du ewiger Atem des Lebens.

Brich das Eis meiner Hoffnung, Gott,
zerbrich den steinernen Glauben.
Komm, Du lautloser Dieb in der Nacht,
mir alle Gewissheit zu rauben.

Brich das Eis meiner Worte, Gott,
zerbrich auf den Lippen das Amen.
Dann schreib in die Stille in meiner Brust
nur eines, Gott, Deinen Namen.

XIV.
Fundstück

Es sinken alle Worte dieser Stunden
in Schweigen, das dem Blau der Himmel gleicht.
Nur dieses Wort, das ich am Saum der Nacht gefunden,
möchte noch reisen, wissend, dass es Dich erreicht:
Danke.

XV.
Der Garten der Innerlichkeit

Ich floh tausend mal vor Entzweiung und Streit,
und fand einen Garten der Innerlichkeit.
Dort atmete Stille, die sich selbst genügte,
die all meine Splitter zusammenfügte,
bis ich ihn erkannte, in neuer Gestalt,
den Menschen, dem meine Vergebung galt.
Und es sprach eine Stimme mit meinem Gesicht:
Auch aus den Dornen grüßt Dich das Licht.

Der Garten erblühte tief in meinen Worten,
sie selbst wurden Gärten an trostlosen Orten,
und auch meine Hände verzweigten sich weit
als gebende Gärten der Innerlichkeit.
Dort wo ich, noch zitternd, die Fremde betrat,
ermahnte mich leise mit gütigem Rat
eine Stimme, so irdisch: Fürchte Dich nicht.
Auch aus den Dornen grüßt Dich das Licht.

So manche Rose wächst mit der Zeit
im purpurnen Garten der Innerlichkeit.
Gereift an Gebeten, die unerhört blieben,
begreife ich lassend das tiefere Lieben,
das tiefere Ehren, das alles erkennt
als Garten des Einen. Ungetrennt
erklingt unsre Stimme: Fürchte Dich nicht.
Auch aus den Dornen grüßt Dich das Licht.

XVI.
Am Saum der Nacht

Nimm mich mit.
Nimm mich hin.
Nimm mich ein.
Liebe.
Ich will nichts anderes
als Liebe sein.

Gib mich frei.
Gib mich her.
Gib mich hin.
Liebe.
Weil ich nichts anderes
als Liebe bin.

Kapitel IV

Erdverbunden

Gebettet in die Schöpfung

EINLEITUNG

Die Schöpfung als Ort der Versenkung – eine Betrachtung

Es gibt eine Schönheit, die frei ist von unserem Zutun. Die uns gegeben ist in aller Bedingungslosigkeit. Und wie bewegt, leidvoll oder herausfordernd diese Zeiten auch sein mögen: sie holt uns immer wieder heim in die Zuversicht, mehr noch, in die Gewissheit, dass das Leben gut ist. Diese Schönheit fließt uns aus der Natur zu. Sie ist mitteilsam, beredt, sie trifft uns genau dort, wohin jede Deutung nur ohnmächtig weisen kann: am Seelengrund. Dort grüßt uns die Natur, dort formt und korrigiert sie uns, dort strömt sie uns als Quell der Heilung zu. Sie nährt und trägt uns, doch finden wir in ihr auch die sinnbildlichen Geheimnisse, die uns die tiefere Dimension unseres geistigen Lebens erschließen. Wer durch die Natur wandert, durchschreitet nicht selten die Pforte, hinter der sich die Mysterien des Lebens entschleiern. Deswegen besang Franziskus Bruder Sonne und Schwester Mond, deswegen empfahl Bernhard von Clairvaux uns den Wäldern mit seinen Lehren, und deswegen sang die heilige Hildegard von Bingen von der Grünkraft Gottes, die in der Natur zu finden sei. Wir gesunden an Körper und Seele, wenn die Enge des Ich wie Schnee in der Sonne schmilzt. Entgrenzt atmen wir die Weite und Lebenskraft der Natur. Inmitten des wogenden Meeres, der wachsenden Wälder, der wandernden Wüsten begreifen wir, wie sehr wir selbst wogendes, wachsendes und wanderndes Leben sind.

I.
Stille

Auf diesem Boden, der mich segnet, wenn ich ihn betrete,
in diesen Wäldern, die mich heilen, wenn ich leise bete,
umfangen von Vergänglichkeit, die mich erkennt,
als ihresgleichen, als Form, die in der Glut der Zeit
    verbrennt,
da hörte ich Ihn sprechen, der mich schuf,
und alles, was ich war, zerbrach in seinem Ruf.

Ich fiel als Laub zur Erde im Herbstlicht, das mich führte,
als Feder reiste ich im Wind, der mich berührte,
als Wasser floss ich vielen Kreaturen zu,
als goldnes Licht verschwand ich in der Abendruh.
Nichts trennte meine Haut von dieser Erde,
die ich einst war und die ich wieder werde.

Und da Sein Sprechen mich durchströmte,
    mich der Erde gab,
stieg meine Seele in die Tiefe jeder Nacht hinab,
und mein Herz begann zu schauen, nichts ist je allein,
und zu wispern: endlich, endlich darf ich Stille sein.

II.
Meeresblau

Du bist das Meer, Du bist das Salz in meinem Mund,
Du bist der Schrei der Möwen, die mich sanft umkreisen,
Du bist die Schwärze, die am stillen Meeresgrund
mich lockt, das Unbekannte zu bereisen.

Du bist die Muschel, Dein Gesang erzählt vom Leben,
Du bist die Himmelsweite, die der Wind liebkost,
Du bist das Sandkorn, das, den Stürmen hingegeben,
nun selbst als Sturm die Welt bereisend tost.

Du bist die Sonne, die mich sticht! In meine Adern
flößt sie mir Trunkenheit, den Rausch der Liebe ein.
So still wird mir mein kummervolles Hadern.
Nun darf ich Meer in Deiner Meeresbläue sein.

III.
Schöpfungslicht

Du dringst durch das Blau
und die Schleier der Nöte,
Du zeichnest den Zauber
der Morgenröte,
Du dringst durch die Wolken
und segnest mein Sein.
Oh Licht der Schöpfung,
der Sonne Schein!

So sehnsuchtsvoll ziehst Du
aus Knospen die Blüte,
so liebevoll liest Du
mit Sorgfalt und Güte
das Leben aus der Erde auf
und hebst es leise
zu Dir herauf.
Oh Sonnenschein!

Du tauchst das Gestern
so innig und leicht
in Licht, das wahrer
Vergebung gleicht.
Ach, wären wir Menschen
mehr wie Du,
und riefen einander Vergebung zu!
Oh Sonnenschein!

IV.
Selbstvergessen

Dies eine Beten fällt mir leicht,
das lacht im Glanz der schönen Werke!
Da alles tiefem Staunen weicht,
erfüllt mich unbekannte Stärke.

Ich bin verwurzelt! Gleich dem Baum,
der in der Erde Heimat findet,
und dort am blauen Himmelssaum
zwei Welten aussöhnt und verbindet.

All dieses Grünen, dieser Duft!
Auf den Gesichtern reine Wonne,
so schwer wie Erde, leicht wie Luft,
und golden wie die Frühlingssonne.

Zerbrochen ist das Stundenglas!
Der Tag will Ewigkeit erlernen.
Da ich mich ganz in Dir vergaß,
seufzt mir das Herz bis zu den Sternen.

V.
Sommer

Mein Gott, wie haben Deine Farben
mich satt gemacht an diesem Tag.
Und wie die Vögel um die Sonne warben!
Und wie die Sonne in den Menschen lag!

Es war wie Gold in uns gegossen,
was Deine Güte ohne Ende gibt,
und Dank ist still von Herz zu Herz geflossen,
und hin zu Dir, der uns so innig liebt.

Wie möcht ich träumend noch die Hände falten
und dankbar werden, was die Sonne ist:
ein Licht, von ungeschaffnem Licht gehalten,
ein Lebensquell, weil Du das Leben bist.

VI.
Sommernacht

Ich danke Dir für diese stille Sommernacht,
die mir die Arme öffnet ohne Blick und Fragen,
die mich mit ihrem Zauber um so manche Last gebracht
und um die Traurigkeiten, die in den Dingen lagen.

Sie ist so weich, wie nur die Güte selbst sich zeigen kann.
Mein Herz war Asche, nun entbrennt es für das Leben,
all die Anmut Deiner Schöpfung rührt so sanft daran.
Es ist, als ob sich zwei aus Liebe ganz ergeben.

An ruhigen Wassern schaut mein Herz sich satt und sinkt
zum Grund,
da erwacht in mir ein sonnengoldnes Wissen,
das als Tat zur Hand reist und als Wort zum stillen Mund,
und es ist, als sei nicht länger ich zerrissen.

Ich danke Dir für diese stille Sommernacht,
die meine Stricke schneidet, die ich selbst gebunden.
Dies ist Geborenwerden unter Deiner Sternenpracht!
Oh Deine Zärtlichkeit, mein Gott, hat mich gefunden.

VII.
Regenrauschen

Es war an regennassen Hängen,
dass mir das Herz in Deine Weite fiel,
und mir verschwand das ruhelose Drängen,
das stets von einem Ort zum andern will.

Noch da das Nass so arglos meine Ordnung störte,
noch da die Sonne regenrauschend ganz verschwand,
begriff ich, dass Dein Rufen mich betörte
und mich für immer an Dein Wollen band.

Seither ist jeder Regen Rauschen.
Es fragt nicht, ob ich Erde oder Himmel sei.
Doch weiß ich, dass dies ungestörte Lauschen
ein Sterben ist. Nicht länger sind wir zwei.

VIII.
Das Spinnennetz

Du mütterliches Leben, voller Huld
spinnst Du die Fäden, sacht und mit Geduld,
an deren Knotenpunkten Wege sich begegnen,
an deren Kreuzungen Du innehältst, zu segnen.

Wie hinter einem Vorhang, dessen Stoff zerrieben,
erscheint Deine Gestalt, doch schattenhaft geblieben,
und immer bleibst Du nah, doch auch verborgen,
bis in die Nacht, in der Du webst den neuen Morgen.

Wer Dich ergründen will, muss das, was Du gesponnen,
erleben, muss vollenden, was Dein Wunsch begonnen.

Du mütterliches Leben, Kraft und Blüte,
spinn meines Lebens Fäden voller Güte,
dass auch ich selbst ein Lebensfaden werde,
verwoben in das Morgenrot der Erde.

IX.
Bruder Vogel

Ich danke Dir für Deine frühen Lichtgesänge,
für Deiner Schwingen Rauschen bis zur Nacht,
die mir den Hauch von Heimat und so süße Klänge
bis in das Dunkel meines Seelengrunds gebracht.

Ich danke Dir für Deine Treue in den Stunden,
da meine Augen rastlos an den Himmeln sich verloren.
So unermüdlich fliegst Du durch mein Beten,
darin der Vogel neuer Hoffnung ward geboren.

Ich danke Dir, denn an den Rändern unsrer Sphären
gibst Du Dich selbst den Menschen wie dem Schöpfer hin.
Du Botschafter des Bundes, möge mein Gebet Dich nähren,
so wie Du nährst, was ich in meinem Staunen bin.

X.
Herbst

Das welk erschöpfte Laub
fiel sacht von alten Linden,
und hin zu sternenklaren Himmeln
sah ich das Leben schwinden.

Das Mondlicht war zerteilt von kahlen Zweigen,
und in den Bäumen hing ein uferloses Schweigen.
Da nahm ich alles, was in mir dem Sterben glich,
und gab es dem, der größer ist als ich.

Er schloss die schweren Lider mir mit seiner Hand,
darunter ich begann zu träumen,
dass ich zerbrochen wurde und verschwand,
und erwachte unter blütenschweren Bäumen.

XI.
Herbstgebet

So sanft liegt eine Röte auf den Wäldern,
so leise knistert Raureif auf den Feldern,
und seufzend lässt der Herbst die Hände sinken
in eines kalten Winters Schoß.

Bin ich wie er, da unter Deinen Händen
Kapitel meines kleinen Lebens enden?
Warum ist dann dies Sterben wie Ertrinken,
warum bin ich so nackt und bloß?

Wär nur mein Beten voller Würde wie der Baum,
der sich ergibt, doch ohne je zu klagen,
ich gäbe gern dem Herbst in meinem Herzen Raum,
dann würd ich jedes Sterben wagen.

XII.
November

Nun weicht ein blauer Himmel grauen Schleiern.
Verhangen ist die Welt, die sich zu Grabe trägt.
Gekommen ist die Stille, um zu feiern,
dass sich Vergessen über alte Wunden legt.

So fahl hängt eine Sonne hinter Bäumen,
die knarrend ihrer Endlichkeit sich beugen,
und braune Blätter, die verblichne Wege säumen,
ermahnen Dich, den Abschied zu bezeugen.

Geh, Seele, leg zu all den toten Zweigen
die Dinge, die Dich quälten und zerrissen,
und sei wie jene Bäume, die die Häupter neigen,
da sie um alle Lebenswege wissen.

Geh, Seele, leg des Himmels schleierhaftes Grau
um Deine Sinne, deren Not Dich trügt.
Lass Deines Herzens Atem sinken in geheimnisvolle Schau
des Einen, der Dich längst in seinen Armen wiegt.

XIII.
Mondbeschienen

Es gleicht der Mond den leisen, fahlen Stunden,
die ich verbracht im Warten auf Dein Wort.
In tiefer Stille grünt aus meinen Wunden
ein Neubeginn, er trägt mich sachte fort,
zu neuen Himmeln, die mich leise grüßen,
als wüssten sie um meinen Namen, mein Gesicht,
um all die Hoffnungen, die seufzend mich verließen,
als tauften sie die Finsternis mit Licht.

Es gleicht der Mond dem Glanz im ersten Morgen,
gekrönt mit Scheitern gibt er ganz und gar sich hin.
So mondbeschienen weiß ich mich geborgen
in Deiner Schöpfung und der Lieblichkeit darin.
Oh Luna, in den Morgen zu verblassen,
so selbstvergessen und wie Du von Sinn genährt,
das ist mein Wunsch und alles Wollen gehn zu lassen,
ein menschliches Gestirn zu sein, das Gottes Weisheit ehrt.

XIV.
Vergänglichkeit

Die Fackel des Tages möchte ich tragen,
doch löscht sie das Dunkel der nahenden Nacht.
Dem Schnee möcht ich tröstliche Dinge sagen,
wenn der Frühling die hungrige Glut entfacht.

Vom Brunnen der Jugend möchte ich trinken,
ein Lidschlag die Kindheit, ein Ton, der verhallt!
Dem Sterbenden möcht ich, im letzten Sinken,
die Hände noch wärmen, doch bleiben sie kalt.

Ich sänge so gerne tröstliche Lieder
und Wälle aus Klängen umgäben uns sacht,
dahinter der Schnee nie mehr verginge,
dahinter die Sonne umarmte die Nacht.

Dahinter die Kinder Kinder blieben,
und Sterbende würden zu Schmetterlingen,
und niemand versäumte das Leben zu lieben,
und jeder wüsste den Geist zu besingen.

Doch gibt es sie nicht, jene Wälle aus Klängen,
und was die Not spricht, muss die Liebe erwidern.
Es bleiben die Tränen, das Hoffen und Drängen,
sie brennen als Amen in unseren Liedern.

XV.

Ich hatte einen guten Tag

Ich hatte einen guten Tag,
und gute Hände lagen hier in meinen Händen.
Nun, da der Schnee die kahlen Zweige streicheln mag,
darf dieser Tag zur Ruhe gehn und enden.

So wie der Mond, so wie die Sterne uns bescheinen,
so möge Deine Güte uns begleiten,
all jenen, die an diesem Abend weinen,
den Weg in neue Hoffnung zu bereiten.

Ich hatte einen guten Tag,
und alles Schöne wurde Dank in meiner Seele.
Dies eine bleibt, worum ich Dich noch bitten mag,
gib, dass es keinem Wesen je an Frieden fehle.

XVI.
Komm, Winter!

Umsäumt von alten Fichten zieh ich Kreise,
die Abendgräue sucht des Winters Kuss,
der Herbst sieht sich nicht um auf seiner Reise,
da nun der Frost kommt, dem sich alles beugen muss.

Mir ist ein Frieren in das Herz gekrochen,
doch solcher Art, dass es mich sanft belehrt:
Der Bann der Leidenschaften ist gebrochen,
da nun der Mensch den Blick nach innen kehrt.

Ein jeder Groll verschwindet wie des Herbstes Farben,
wenn unser Tag sich an der innren Flamme lichtet,
und endlich strömt ein Schmerz aus unsren Narben,
der sich zu lange schon an müder Stirn verdichtet.

Komm, Winter! Liebster Tröster, schneie, schneie
mir weiße Lieder in mein stilles Herz!
Dass ich mein Leben neuer Hoffnung weihe,
dass meine Brust sich weitet, himmelwärts!

Komm, Winter! Weiser Lehrer, wehe, wehe
mir neue Weichheit in den Bruderkuss!
Ich werde Mensch, so oft ich tief verstehe
all meines Nächsten Kämpfe und Verdruss.

Komm, Winter! Weißer Priester, segne, segne
mich, bis ich endlich ganz verwandelt sei!
Dass ich einst wie die Liebe niederregne,
so unbekümmert, hingeschenkt und frei.

Umsäumt von Silbersternen geh ich wandern,
ein Glitzern liegt im Schnee wie zarte Haut.
Da öffnet sich die Tür zu allem andern.
Nur Stille noch. Nur Stille, die Dich schaut.

Kapitel V

Abschied

Von Trauer und Zuversicht

EINLEITUNG
Die Wunde unserer Endlichkeit – eine Betrachtung

Am Grunde unseres Herzens wissen wir, dass wir nichts besitzen. Wie sehr wir uns auch an weltlichen Schönheiten und Besitztümern erfreuen – mit leeren Händen kommen wir auf die Welt, und mit leeren Händen verlassen wir sie. Und was sind wir zwischen unserem Kommen und Gehen anderes als Hüter, Verwalter und Gestalter der endlichen Dinge? Mit sich weitendem Herzen lernen wir, nicht an dem festzuhalten, was uns nicht gehört. Wir lernen, mit Achtung und mit Verstehen, die an Schmerz und Verlust gereift sind, auf die Dinge zu blicken. Bisweilen gesellt sich – und das ist ein großes Glück – Gelassenheit dazu. Wenn wir uns nicht gestatten, uns von endlichen Dingen besitzen zu lassen – und dazu gehören auch Selbstbilder, Weltbilder und Gottesbilder –, entfaltet sich eine Würde, die sich nicht aus irdischen Errungenschaften speist, eine Schönheit, die weder Sorge um ihr Wachsen tragen noch ihr Abnehmen befürchten muss. Es ist unser Wesen, das „in dieser Welt, doch nicht von dieser Welt" ist. Der Tod stellt uns zweifellos auf die strengste Weise die Frage, ob wir die Endlichkeit annehmen können. Ob wir ein erfülltes Leben zu führen imstande sind, das die Gewissheit der Endlichkeit umarmt und beheimatet. In der Wunde unserer Endlichkeit, dort, wo wir unsere Toten beweinen und unser eigenes Sterben fürchten, liegt auch ein Wissen um die uns versprochene Ewigkeit, um das erfahrbare Strömen, das die Verletzlichkeit des Lebens trägt und überwindet.

I.

Dieb

Gott hat Dich mir gestohlen.
Und mein Herz
wird nie mehr sein als eine dunkle Stelle.
Erloschen ist das Licht in der Kapelle.
Ich bin allein.

Gott hat Dich mir gestohlen.
Und mein Tag
wird nie mehr sein als eine rote Klinge,
die mich zerschneidet während ich noch singe
vom Mitdirsein.

Gott hat Dich mir gestohlen.
Und mein Wort
wird nie mehr sein als nachtdurchwirktes Schweigen.
Wie soll mein dunkles Beten zu Dir steigen –
Wie soll ich sein –

II.
Perlenseele

Oh Mensch, auch wenn Du heute traurig bist,
was kannst Du schon erleiden, was verlieren?
Das Wissen, dass im Leben nichts von Dauer ist,
wird Dich mit Güte in die Ruhe führen.

Mit leerer Hand reist Du in diese Welt,
und leer sind Deine Hände, wenn Du schwindest,
was Du halten willst, wird Schwere, die Dich hält,
es ist das was Du lässt, worin Du Fülle findest.

Gleich der Muschel, die die Perle hält umschlossen,
bist Du, Seele, tief im Innern nichts als Kostbarkeit.
All die Herrlichkeit ist ganz in Dich gegossen,
und Dein Leben ist ein Blühen in die Ewigkeit.

III.
Uferloses Leben

Es gibt, dort wo die Gräber sich erheben,
auf grünem Grund, der schwer von Tränen ist,
ein erwartungsvolles Zittern, es heißt Leben.
Es rührt Dich an, weil Du ein Hauch des Lebens bist.

Es wispert leise, ohne Dich zu stören,
und hoffend, dass in Dir genügend Stille sei,
an Deinem Herzen grünend will es Dich betören,
und dort, wo es Dich bindet, macht es frei.

Es singt, und jene Namen auf den Steinen
sind Klänge einer fremden Melodie,
und lauschend lässt Du ab, sie zu beweinen,
denn Leben lockt und klingt und endet nie.

Nun ruh Dich aus an regennassen Bäumen,
die wissen, wie dem Sterbenden zumute ist.
Wir gehen hin zu uferlosen Räumen,
oh Seele, weil Du uferloses Leben bist.

IV.
Wo Du fehlst

Wo Du warst, ist eine Leere,
Fragen füllen diesen Raum.
Die Erinn'rung, die ich ehre,
gleichsam wirklich, gleichsam Traum,
ist das Schiff, auf dem ich reise,
selbstvergessen und allein.
Meine Tränen ziehen Kreise.
Nichts wird je wie früher sein.

Wo Du fehlst, ist die Gewissheit,
doch entzogen meinem Blick,
dass dereinst nichts mehr uns trenne,
niemand fordert mehr zurück
unsre Freude, unser Lieben,
keine Schuld zieht uns hinab.
Ach, wärst länger Du geblieben,
denk ich hier an Deinem Grab.

Sie ist Erscheinung, diese Welt,
und dahinter ist es licht,
und wer aus den Formen fällt,
fällt doch aus dem Leben nicht.
Dieser Gang ist nicht vergebens,
uns trennt nichts als ein Moment,
bis die Quelle allen Lebens
einst auch mich beim Namen nennt.

V.
Blätterfallen

Was ist des Menschen Leben anderes
als ein Blätterrauschen?
Das Blatt, es atmet, hingeschenkt dem Wind.
Es mag wohl seinem eignen Atem lauschen
und dem der Blätter, die ihm ähnlich sind.

Was ist des Menschen Leben anderes
als ein Blätterflirren?
Gekitzelt wird das Blatt von Sonnenschein.
Es mag das Herz ihm brechen, dort, mit stillem Klirren,
der Mensch bleibt unter Menschen doch allein.

Was ist des Menschen Leben anderes
als ein Blättersäuseln?
Getaucht in Himmel, doch immer so gering.
Er sieht das Wasser sich am Ufer kräuseln
und weiß doch nicht, welch langen Weg es ging.

Was ist des Menschen Leben anderes
als ein Blätterfallen?
Es haucht sich aus, und kahl wird jeder Baum.
Begriffe doch der Mensch den Geist in allem!
Erwachen dürfte er aus tiefem Traum.

VI.
Letztes Geleit

Dass Deine letzte Reise eine leichte sei,
dass Gottes Liebe Deine leeren Hände fülle,
dass Deine letzte Frage aufgehoben sei
in Würde, satt an lichtdurchtränkter Stille,

dass Deine letzte Angst so weich wie Erde sei,
in der der Samen endlich wächst zur Blüte,
dass Herzensfrieden Du erlangtest und bewahrtest,
mit Unendlichkeit beschenkt von Gottes Güte,

das ist, von meinem Herzen an das Deine,
und aus der Tiefe, hin zum höchsten Firmament,
was ich erbitte, da ich innig um Dich weine
im Gebet an den, der Dich beim Namen nennt.

VII.
Nie liebte ich Dich mehr

Was ich versäumte zu sagen, das sag ich Dir nun,
was ich versäumte an Taten, das will ich jetzt tun,
was ich versäumte zu lassen, das lasse ich ziehn,
und so ich versäumte zu sehen, sehe ich hin.

Wenn ich vergaß, Dich zu halten, so halt ich Dich jetzt,
und bat ich Dich nicht um Vergebung, da ich Dich verletzt,
so bitt ich Dich heute und halte Dir hin
all dies Versäumte und das, was ich bin.

Sie schmeckten nie bitterer, Wein und Brot,
gereicht vom Fährmann, dem blicklosen Tod.
Schwer ist mir das Herz, das dankbar erkennt:
Nie liebte ich Dich mehr als in diesem Moment.

VIII.
Gewissheit

Hier klage ich an Deinem Grab und sinke hin
in schwarze Klingen, die zerschneiden, was ich bin.
Ich habe stets um diesen dunklen Tag gewusst,
doch tränennass ist dieses Kind in meiner Brust,
das nach Dir fragt und nach Dir ruft, das Dich vermisst,
das sich verloren fühlt und das Dir so viel schuldig ist.

Zu fliehen wäre leicht, nachts, unter Sternen,
beseelt vom Wunsch, mich von der Wunde zu entfernen,
die tief in meinem Herzen schmerzt und brennt,
versenkt in düsteres Gebet, das Deinen Namen nennt.
Doch jede Flucht trüge mich wiederum zu Dir,
und darum dulde ich und schweige, bleibe hier.

Und da ich bleibe, da ich falle, wo ich bin,
zerspringe ich und finde mich darin.
Umspült vom Strom der Tränen, die wir weinen,
seh ich den Morgen über menschlichen Gebeinen.
Gewissheit sinkt in meine Klagelieder.
Geliebter Mensch, einst sehen wir uns wieder.

IX.
Bruder Tod

So viele Tränen vergossen wir schon,
und müde Schultern erzählen davon,
wie dunkel und klamm die Gewissheit uns hält:
Geworfen sind wir in die Esse der Welt.

In die Esse der Welt, vom Feuer gerötet,
mit schmiedendem Hammer geschlagen, getötet,
zum Leben erweckt und in Formen getrieben
von wissender Hand, die wir fürchten und lieben.

Wie schwarzer Wein und trockenes Brot,
so schmeckt alle Furcht vor dem menschlichen Tod.
Ein langsames Gift ist dies innere Wissen,
dass einst unsere Liebsten wir lassen müssen.

Mach ihn Dir zum Bruder, zum treuesten Freund,
den Schatten des Schwindens, der uns alle eint,
der bitter gewordene Herzen leert
und alles entschleiert, was wir je begehrt.

Oh Nazarets Tränen, so redlich geweint,
nicht länger ist der, der uns erntet, ein Feind.
Das Grab ist leer, die Pforte ist offen,
fortan jedes Sterben gekrönt mit Hoffen.

So viele Gebete sprachen wir schon,
und leuchtende Augen erzählen davon.
Erschienen ist uns ein goldener Stern:
Verwandelt sind wir in der Esse des Herrn.

X.
Fallen

Auf steigt alles, bis es stürzt und fällt.
Vergänglich ist das Leben, ist die Welt.
Am Rande dieser Endlichkeit grüßt Ruh,
denn da ich falle, falle ich Dir zu.

Mein Gott, ich gleiche leisem Regen,
der gar nicht anders als zur Erde fallen kann.
Ich selbst kann ohne Deinen Wunsch mich nicht bewegen.
Mich küsst die Zeit. Einst sterbe ich daran.

Ein Lidschlag bin ich nur, und wenn ich ende,
so endet doch nicht, was Dein Wesen tut.
Ich falle regengleich in Deine Hände.
Mein Gott, Dein Werk ist gut. Dein Werk ist gut.

XI.
Christuslicht

In der Stille der Nächte
da rufst Du mich,
und alles, was ich war,
zerrinnt in Deinem Gesicht.
Ja, ich werde gesund
hier in Deinen Armen.
Eine Woge aus Erbarmen
trägt mich zum Lebensgrund.
In den Gärten Deiner Hände
kommt mein Herz zur Ruh.
Dein Licht, es ist ohne Ende,
so lieblich fließt mir Leben zu.
Segne mich, mein Heiland.
Segne mich und heile, was zerbricht,
Du Christuslicht.

XII.
Gläsern

Ich fühle mich,
als ob die Dinge gläsern werden
in meiner Hand. Ich fürchte mich.
Und das, was gestern noch so jung und arglos drängte,
was mich mit Zuversicht und Leichtigkeit beschenkte,
stirbt sicherlich.

Ich fühle mich,
als ob die Menschen gläsern werden
in meinem Tun. Ich fürchte mich.
Und was als Herz in meinem Innern mutig pochte,
was ich als hoffnungsvoller Mensch zu tun vermochte,
es endet kümmerlich.

Ich fühle mich,
als ob die Worte gläsern werden
in meinem Mund. Ich fürchte mich.
Und was ich sagte, ohne je mich zu verstecken,
was ich gebetet, um die Liebe selbst zu wecken,
bezweifelt sich.

Ich fühle mich,
als ob die Stunden gläsern werden.
Ich selbst bin Glas. Ich fürchte mich.
Und was ich wurde, liegt schon bald in tausend Scherben,
und eine Welt aus Glas wird dies Zerbrochne erben:
Mein Scherben-Ich.

XIII.
Alles, was zerbrochen ist

Alles, was zerbrochen ist,
beweine ich leise,
ich lerne es lieben
auf menschliche Weise.

Ich lerne es verstehen
mit weichen Gedanken,
die durstig vom Wasser
der Liebe tranken.

Auch ich! Ich zerbreche
wie ein Gefäß voller Nacht
in Händen, die tönern
und zart mich gemacht.

Wie ein Schwarm dunkler Vögel,
vom Donner zertrennt,
rinne ich in Dein Feuer,
das gnadenvoll brennt.

Alles, was zerbrochen ist,
ich ehre es leise
auf weglosem Land
bis zur letzten Reise.

XIV.
Werden, das Dich preist

Ich habe nur ein Trauern, das die Enden
der Erde wie ein Beten still bereist.
Alles Leben liegt in Deinen Händen.
Und Bruder Tod ist Werden, das Dich preist.

Es ist, als müsse jedes Wort verklingen,
da Du von allen Seiten mich umgibst.
Ich höre die Gestirne von Dir singen:
Du schöner Schöpfergeist! Wie Du uns liebst!

Ich habe nur ein Hadern, das ermattet.
Zu Füßen fällt es Dir und schenkt sich hin.
Dies Leben ist vom Sterben überschattet,
doch golden glänzt die Ewigkeit darin.

XV.
Ich musste lassen, was ich liebte

Ich musste lassen, was ich liebte.
Ich musste lösen dieses Band.
Noch immer liegt in meinen Händen
der kühle Abdruck Deiner Hand.

Noch immer liegt in meinen Augen
Dein Blick, den jeder Glanz verließ,
der mich so flehentlich und müde
Dich endlich gehn zu lassen hieß.

Noch immer liegt auf meiner Wange
Dein Hauch wie seidenes Papier.
Ich mag nicht weinen, nicht verlieren
die letzte Kostbarkeit von Dir.

Noch immer liegt in meinem Beten
ein stiller Vorwurf und ein Gift.
Ein dunkler Pfeil ist jedes Amen,
der tödlich meine Hoffnung trifft.

Mein Gott, wann darf ich wieder sehen
wie eine, deren Blick Dich ehrt?
Wann zähmst Du diesen wilden Dämon,
der stetig meinen Schrecken mehrt?

Ich musste lassen, was ich liebte.
Für jeden kommt einmal die Zeit.
Gott, lehre mich ein gutes Trauern.
Entzweit bin ich. Ich bin bereit.

XVI.
Ewigkeit

Benetze Deine Lippen mit Gebeten,
zum letzten Kuss, der Dich auf eine Reise nimmt.
Die zarte Grenze wirst auch Du einst übertreten
und gleich der Saite wirst auch Du für neuen Klang
gestimmt.

Aus Deinem Kummer werden Sternenstäube fallen
und sanfter Regen aus dem Dunkel Deiner Not.
Wenn Deine müden Seufzer schließen und verhallen,
gibt Dir Geleit Dein sanfter Freund und Bruder Tod.

Aus Deinen Freuden wird ein Meer an Ufer strömen,
aus Deiner Liebe schäumen ungestüme Gischt,
und endlich naht erlösendes Versöhnen,
da dieses kleine, zarte Lebenslicht erlischt.

Oh Ewigkeit! Es ist ja nicht zu bangen!
Im letzten Kuss sind Gott und Du nicht länger zwei.
Verblasst sein wird die Röte Deiner Wangen,
damit die Herrlichkeit Dir ganz gegeben sei.

Dem Leben vertrauen

NACHWORT

Mystische Erfahrung ist erlebte Verbundenheit. In dieser Verbundenheit kann es unser tiefstes Herzensanliegen werden, Leben zu schützen, Leiden zu mindern und die Würde jeder Kreatur zu begreifen – mit allen sich daraus ergebenden Folgen. Ich wage zu behaupten, dass heutzutage viele Mystiker unter uns leben, die wir nicht erkennen. Denn wir sind es immer noch gewohnt, Mystiker für besondere, auf eine Art auserkorene Menschen zu halten, und auch lassen wir uns immer noch zu dem Irrtum hinreißen, dass die Erfahrung von Seligkeit, Entgrenzung oder urteilsloser Liebe uns der Welt wohl entrücken müsse. Das Gegenteil ist der Fall: Mystische Erfahrung steht jedem Menschen offen, und die Mystiker von heute tragen den Staub des Alltags ebenso wie alle anderen. Wenn Mystik also unser Verhältnis zur Welt erneuert, dann auf diese Weise, dass sie uns mit neuer Liebe und tieferem Mitgefühl für sie erfüllt.

Es mag viele zunächst schrecken, dass mystische Erfahrung auch immer eine wachsende Empfänglichkeit für den Schmerz anderer mit sich bringt. Auch in diesem Gedichtband ist dieser Schmerz zu Wort gekommen. Für mich bebildert das Christentum auf wunderschöne Weise dieses Mysterium: Das dornengekrönte Herz Jesu oder das mit Schwertern durchstoßene Herz Mariens offenbaren sich uns als Ort tief empfundenen Leidens, als Ort, an dem selbst der Gottheit das Herz am Leiden der Welt zerbricht.

Gleichzeitig sehen wir aus diesen Herzen Flammen und strahlende Lichter hervorgehen, die einer dunklen und kalten Welt Licht und Wärme spenden. In diesen Bildnissen dürfen wir begreifen, dass der Ort, der am empfänglichsten für den Schmerz ist, gleichermaßen der Ort ist, an dem sich Heilung und Erlösung ereignen. Das ist der Dorn der Liebe, den unsere Brust trägt. Der Mystiker mag am Schmerz der Welt wachsend Anteil nehmen, doch wächst er auch immer tiefer in dies Verstehen hinein, dass das Leben gut ist.

Auf dem mystischen Weg überlassen wir uns mehr und mehr dieser Erfahrung und dem Sanctum des Herzens und treten eine Reise an, die uns immer wieder entgrenzt, uns das Altvertraute nimmt und es in eine neue Weite überführt. Daran gesunden wir. Das ist Grund für tiefes Vertrauen ins Leben.

Der Umwelt zuliebe verzichten wir bei diesem Buch
auf Folienverpackung.

Bibliografische Information der Deutschen Nationalbibliothek:
Die Deutsche Nationalbibliothek verzeichnet diese Publikation in der Deutschen Nationalbibliografie; detaillierte bibliografische Daten sind im Internet über http://dnb.d-nb.de abrufbar.

6. Auflage 2025

Echter Verlag · Dominikanerplatz 8 · 97070 Würzburg
Tel. 0931 66068-0 · info@echter-verlag.de · www.echter.de

Umschlag und Gestaltung
Peter Hellmund, Würzburg

Druck und Bindung
CPI-books – Clausen & Bosse, Leck

ISBN 978-3-429-03909-7